GRIFOS

PICTURE WINDOW BOOKS
a capstone imprint

Agradecemos la asesoría, investigación y experiencia de nuestra consultora:
Elizabeth Tucker, PhD.
Profesora de Servicio Distinguido
de Inglés, Literatura General y Retórica
Universidad de Binghamton, Binghamton, NY

Editora: Shelly Lyons
Diseñadora: Hilary Wacholz
Directora artística: Kay Fraser
Especialista de producción: Kathy McColley
Traducción al español por: PA Bilingual Communication Services

Publicado por Picture Window Books, una marca de Capstone.
1710 Roe Crest Drive, North Mankato, Minnesota 56003
capstonepub.com

Los datos de catalogación previos a la publicación de la Biblioteca del Congreso se encuentran disponibles en el sitio web de la Biblioteca del Congreso.
ISBN 9781484687260 (tapa dura) | ISBN 9781484687277 (libro electrónico pdf)

Resumen: ¿Es un león? ¿Es un águila? No, ¡es un grifo, el rey volador de las bestias! Esta criatura de fantasía tiene plumas lustrosas, alas poderosas y el cuerpo de un león. Te has preguntado, ¿qué come un grifo? ¿dónde vive? ¡No busques más! Con ilustraciones impresionantes y texto objetivo, este libro te llevará en una noble aventura para aprender todo sobre los grifos.

GRIFOS

por Matt Doeden

ilustrado por Martín Bustamante

Un cazador de tesoros trepa por una pendiente rocosa. Una cueva en la montaña contiene un gran tesoro de oro y joyas. Adentro, algo empieza a moverse. Un fuerte chirrido hace eco en las paredes de la cueva.

Una bestia sale a la luz del sol. Los ojos brillantes y azules de águila se fijan en el cazador de tesoros. Los talones filosos raspan las rocas. Las patas leoninas de la bestia están listas para el ataque. ¡No hay tesoro que merezca una batalla contra un grifo!

Conducta y ciclo de vida de los grifos

Los grifos son criaturas míticas. Tienen la cabeza, las alas y las patas delanteras de un águila. Tienen el cuerpo de un león. A estas criaturas les gusta vivir solas, pero se juntan para aparearse.

Al igual que las águilas, los grifos salen de un huevo. La hembra pone una nidada de unos 3 huevos. Cada huevo mide aproximadamente 6 pulgadas de largo (15 centímetros). La madre vigila los huevos hasta que los bebés grifos salen del cascarón.

La madre les trae comida, por ejemplo ratones, al nido. Pero las crías deben pelear entre sí por la comida que ella les trae. Las crías de grifo más débiles pasarán hambre.

Los grifos adultos pueden crecer hasta alcanzar el tamaño de un león. Mientras crecen, buscan presas cada vez más grandes. Los grifos son cazadores asesinos, ¡pueden matar hasta un caballo!

Los grifos son carnívoros, y como las águilas, deben dejar el nido. Cada grifo debe encontrar su propia zona para cazar. Los grifos jóvenes roban la comida de los adultos. También pescan y cazan animales más pequeños.

Características de los grifos

Hay dos tipos principales de grifos. El grifo del norte es más parecido a un águila. El grifo indio se parece más a un león. Pero todos los grifos se parecen. Muchos grifos tienen el cuerpo, las patas y la cola de un león. A veces, la cola de un grifo es una serpiente. Los grifos son elegantes y poderosos.

grifo indio

El grifo ve todo con sus ojos de águila. Su vista es al menos cinco veces más aguda que la de los humanos. Un grifo puede detectar a su presa desde muy alto en el cielo. ¡Cuidado!

Las alas del grifo son poderosas y están cubiertas de plumas. Hace mucho tiempo, algunas personas creían que las plumas de los grifos eran mágicas. Pero claro, ¡quitarle una pluma a un grifo era una tarea peligrosa!

El grifo usa su pico filoso y sus talones para atrapar a su presa. La mayoría de los grifos tienen talones de águila en las patas delanteras. Pero los grifos indios pueden tener las patas delanteras más leoninas. Estos grifos usan sus filosas garras de león para el mismo propósito.

Partes de un grifo

alas
Las poderosas alas elevan el gran cuerpo del grifo por los aires.
cola
Los grifos tienen la cola de león. Algunos grifos tienen la cola de serpiente.
patas traseras
Las patas traseras del grifo son muy musculosas.
garras
Los grifos tienen garras filosas en las patas traseras, como las de los leones.

Grifos en los mitos

Las historias muestran a los grifos con frecuencia como símbolos del bien. En antiguas historias griegas y romanas, los grifos son símbolos de poder y riqueza. Los grifos son fuertes y leales, y se conocen como guardianes de tesoros.

Hoy en día, los grifos viven en las historias y los mitos. Autores populares de fantasía como Mercedes Lackey y Larry Dixon han escrito sobre ellos en sus libros *The Black Gryphon*, *The White Gryphon* y *The Silver Gryphon*.

Hay otras criaturas semejantes a los grifos. En la popular serie Harry Potter de J.K. Rowling hay un hipogrifo. Esta criatura tiene el cuerpo, las patas traseras y la cola de un caballo. Sus patas delanteras, sus alas y su cabeza son como las de un águila.

La leyenda de estas bestias poderosas sigue viva. De hecho, hay quienes miran al cielo con la esperanza de encontrar un grifo en pleno vuelo.

Sobre el autor

Matt Doeden comenzó su carrera como escritor deportivo. Desde entonces, ha pasado casi dos décadas escribiendo y editando cientos de libros infantiles de ficción y no ficción. Su libro *Darkness Everywhere: The Assassination of Mohandas Gandhi* estuvo catalogado entre los mejores libros infantiles de 2014 según el Comité de Libros Infantiles de Bank Street College of Education. Doeden vive en Minnesota con su esposa y sus dos hijos.

Sobre el ilustrador

Martín Bustamante es un ilustrador y pintor argentino. A los tres años era capaz de dibujar un caballo "empezando por la cola", como dice siempre su madre. De adolescente, al ver películas como *La guerra de las galaxias* y libros como *El Príncipe Valiente* de Harold Foster, descubrió mundos nuevos y fascinantes llenos de colores, formas y ambientes que se convirtieron en su inspiración al dibujar. Comenzó a desempeñarse como ilustrador profesional, y ha trabajado para varias editoriales y revistas, desde Argentina, hasta los Estados Unidos y Europa.

Glosario

antiguo—desde hace mucho tiempo

aparear—reproducirse

atacar—abalanzarse sobre algo de repente para atraparlo

carnívoro—un animal que come solo carne

indio—proveniente de India

mito—una historia tradicional, usualmente antigua

nidada—un grupo o nido de huevos

pendiente—una superficie inclinada; en una pendiente, un extremo está más elevado que el otro

presa—un animal que es cazado por otro animal para ser usado como alimento

riqueza—mucho dinero

símbolo—algo que representa otra cosa

talón—garra del águila; un talón tiene cuatro dedos, cada uno tiene una uña muy filosa y curva

Preguntas para el pensamiento crítico

1. Los grifos son parte león y parte águila. ¿Puedes pensar en otros dos animales que se puedan combinar? ¿Cómo serían los poderes de ese animal?

2. ¿Qué parte del cuerpo de los grifos los hace buenos cazadores? Piensa en otro animal salvaje. ¿Qué parte de su cuerpo le ayuda a sobrevivir?

3. ¿Se te ocurre alguna historia en la que un grifo pueda ayudar a alguno de sus personajes? ¿Cómo ayudaría el grifo?

Lee más

Loh-Hagan, Virginia. *Griffins*. Magic, Myth, and Mystery. Ann Arbor, Mich.: Cherry Lake Publishing, 2018.

Marsico, Katie. *Beastly Monsters: From Dragons to Griffins*. Monster Mania. Minneapolis: Lerner Publications, 2017.

Sautter, A.J. *How to Draw Griffins, Unicorns, and Other Mythical Beasts*. Drawing Fantasy Creatures. Mankato, Minn.: Capstone Press, 2016.

Sitios de internet

Animal Planet: Wild Animals, Top 10 Mythical Animals
animalplanet.com/wild-animals/10-mythical-creatures

Ducksters: Ancient Greece, Monsters and Creatures of Greek Mythology
ducksters.com/history/ancient_greece/monsters_and_creatures_of_greek_mythology.php

Léelos todos